BEI GRIN MACHT SICH IHR WISSEN BEZAHLT

- Wir veröffentlichen Ihre Hausarbeit,
  Bachelor- und Masterarbeit

- Ihr eigenes eBook und Buch -
  weltweit in allen wichtigen Shops

- Verdienen Sie an jedem Verkauf

Jetzt bei www.GRIN.com hochladen
und kostenlos publizieren

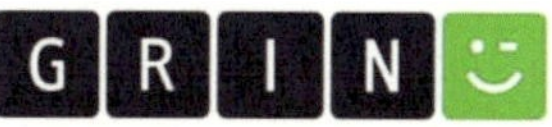

Anne Volkmer

Kontexte der Film- und Fernsehanalyse

GRIN Verlag

Bibliografische Information der Deutschen Nationalbibliothek:

Die Deutsche Bibliothek verzeichnet diese Publikation in der Deutschen National-
bibliografie; detaillierte bibliografische Daten sind im Internet über http://dnb.d-
nb.de/ abrufbar.

Impressum:

Copyright © 2012 GRIN Verlag GmbH
Druck und Bindung: Books on Demand GmbH, Norderstedt Germany
ISBN: 978-3-656-32810-0

Dieses Buch bei GRIN:

http://www.grin.com/de/e-book/205530/kontexte-der-film-und-fernsehanalyse

Justus-Liebig-Universität Gießen

Institut für Kunstpädagogik

Seminar: Ästhetik und populäre Medien (FD)

SS 2012

Kontexte der Film- und Fernsehanalyse

Ausarbeitung zum Referat

Datum: 02.07.2012

Inhaltsverzeichnis

1. Einleitung

Bei einer systematischen, wissenschaftlichen Analyse von Filmen und Fernsehsendungen werden in der Regel alle Aspekte und einzelne Komponenten, die einen Film oder
eine Fernsehsendung ausmachen, untersucht. Hierbei spielen „inhaltliche, darstelleri-
sche, dramaturgische, erzählerische und ästhetisch-gestalterische Mittel eine ebenso
große Rolle wie die Kontexte, in die filmische Strukturen und Zuschauer eingebunden
sind[1].

Die folgende Ausarbeitung setzt sich mit den Kontexten der Film- und Fernsehanalyse auseinander, indem die Themen „Gattungen und Genres" sowie „Produktion
und Markt" tiefergehend betrachtet werden. Als Grundlage der Ausführungen diente
primär das Kapitel „Kontexte" aus dem Buch „Film- und Fernsehanalyse" des Medien-
wissenschaftlers Lothar Mikos.

2. Gattungen und Genres

Die Klassifikation und systematische Untersuchung von Gattungen und Genres ist für
die Film- und Fernsehanalyse von großer Wichtigkeit, da ein starker Zusammenhang
zwischen der Zugehörigkeit zu Gattung oder einem Genre und der Rezeption durch den
Betrachter besteht.

Bei Gattungen handelt es sich im Allgemeinen um die „Gesamtheit von Dingen
[…], die in wesentlichen Eigenschaften übereinstimmen[2]." Auf diese Weise werden zu-
sammengehörende Arten klassifiziert, die sich gleichzeitig gegenüber anderen Arten
abgrenzen. Bei Fernsehgattungen erfolgt die Klassifizierung hinsichtlich ihrer Verwen-
dungs- und Darstellungsform sowie in Bezug auf ihre Journalismus- und Sendeform.
Folgt man diesen Kriterien, kann man laut Mikos im fiktionalen Bereich eine Unterteilung in die Fernsehgattungen Spielfilm, Fernsehfilm, Mehrteiler und Sitcom vorneh-
men, im non-fiktionalen Bereich kann zwischen Gattungen wie Nachrichten, Dokumen-
tationen, Magazinsendungen und Ratgebersendungen unterschieden werden.

Anders als bei den Fernsehgattungen erfolgt die Kategorisierung von Filmgat-
tungen nur hinsichtlich ihrer Verwendungs- und Darstellungsform. Während Mikos an
dieser Stelle eine Unterteilung in die Gattungen Spielfilm, Dokumentarfilm, Animati-

---

[1] Mikos, Lothar: Film- und Fernsehanalyse, S.13
[2] http://www.duden.de/rechtschreibung/Gattung#Bedeutung1a

onsfilm, Experimentalfilm, Lehrfilm, Werbefilm und Industriefilm vornimmt, bezieht sich Knut Hickethier auf die Film- und Fernsehwissenschaftlerin Käthe Rülicke-Weiler, die Filme in die vier Gattungen Spielfilm, Dokumentarfilm, Animationsfilm und Mischfilm differenziert[3]. Die entstandenen Gattungen können an dieser Stelle weiter ausdifferenziert werden, indem man innerhalb einer Gattung zwischen verschiedenen Genres unterscheidet.

Das Genre, das eine „inhaltlich-strukturelle Bestimmung von Filmgruppen[4]" darstellt, fasst alle Filme mit gemeinsamen typischen Merkmalen zusammen und bildet auf diese Weise neue, differenziertere Untergruppierungen. Im Unterschied zu den Gattungen erfolgt die Klassifizierung in Genres nicht hinsichtlich ihrer Darstellungsformen, sondern vielmehr in Hinblick auf Aspekte wie Themen, Handlungsablauf, Ort, Zeit, Akteure und Ausstattung sowie narrative, dramaturgische und gestalterische Elemente. Auf diese Weise lässt sich beispielsweise die Gattung „Spielfilm" in Genres wie Melodram, Komödie, Kriminalfilm und Actionfilm differenzieren. Jedes dieser Genres besitzt individuelle spezifische Merkmale, die es von einem anderen Genre der gleichen Gattung abgrenzen; Melodram und Komödie gehören somit zwar der gemeinsamen Gattung Spielfilm an, unterscheiden sich dennoch grundlegend voneinander.

Diese Genres können wiederrum hinsichtlich ihrer Gemeinsamkeiten und Unterschiede kategorisiert werden, indem man Subgenres wie die dem Genre des Kriminalfilmes angehörigen Subgenres Thriller, Polizeifilm, Detektivfilm, Gangsterfilm und Agentenfilm bildet. Allerdings merkt Faulstich an dieser Stelle an, dass es wissenschaftlich problematisch sei, den Fragen nachzugehen, wie viele Genres man unterscheiden kann und wie sich diese einzelnen Genres und Sub-Genres beschreiben lassen. Als Hauptgrund nennt er die „Kategorienvermischung[5]", wonach Genres wie Western primär aufgrund historisch geografischer Merkmale definiert seien, Horrorfilme und Thriller jedoch vor allem aufgrund ihrer Wirkung. Auch sei eine klare Trennlinie zwischen den verschiedenen Genres und Subgenres oft nicht eindeutig festzulegen, da eine steigende Tendenz zur Verknüpfung verschiedener Genres zu beobachten ist, weswegen man an dieser Stelle die Begriffe „Genremix" und „hybrider Film[6]" eingeführt wurden

---

[3] Vgl. Hickethier, Knut: Film- und Fernsehanalyse, S. 206
[4] Ebd., S. 203
[5] Faulstich, Werner: Grundkurs Filmanalyse, S. 28
[6] Faulstich, Werner: Grundkurs Filmanalyse, S. 31

Mikos führt aus, dass sich Genres in der Regel dann bilden, wenn ein Film besonders erfolgreich war. Die Produzenten und Sender intendieren, in neuen Filmen an diesen Erfolg anzuknüpfen und greifen daher auf Muster, Darstellungen und Strukturen zurück, die sich bereits bewährt haben. Auf diese Weise kommt es zu bestimmten inhaltlichen und ästhetischen Standardisierungen innerhalb eines Genres, die die Produktion und Sendeabläufe strukturieren und die verschiedenen Genres gleichzeitig voneinander separieren[7]. Wie bereits ausgeführt werden somit in Filmen oder Fernsehsendungen wesentliche strukturelle Elemente je nach Genre unterschiedlich eingesetzt, wodurch sich letztendlich spezifische Muster und Konventionen herausbilden, die das betreffende Genre definieren.

Diese so entstehenden Standardisierungen und Konventionen, die sich innerhalb eines Genres entwickelt haben, strukturieren nicht nur die Sendeabläufe, sondern korrespondieren zugleich mit den Erwartungen und Sehgewohnheiten des Rezipienten[8]. Ein Fan des Western-Genres erwartet beispielsweise in einem Film dieses Genres die dafür typischen Merkmale wie Pferde, Saloon, weite unberührte Landschaften, Sheriffs, Revolverhelden, die Ambivalenz zwischen Natur und Domestizierung und einen Showdown, in dem das Böse besiegt und Recht und Ordnung wieder hergestellt wird. In der Regel kann sich der Zuschauer darauf verlassen, dass in einem Genrefilm diese Erwartungen, die durch das Genre evoziert werden, auch erfüllt werden. Genres stellen folglich im Hinblick auf die Zuschauererwartung ein „Gebrauchsversprechen[9]" dar; die Produzenten von Genrefilmen können sich auf der einen Seite sicher sein, dass die von ihnen produzierten Genrefilme im Rahmen der Genrekonzeption richtig verstanden und decodiert werden. Um diese Symbiose zu verdeutlichen, spricht Mikos von einer „kommunikativen Übereinkunft zwischen Produzent, Text und Rezipient.[10]"

Während man bei Filmen die großen Gattungen in Genres und Sub-Genres unterteilt, spricht man laut Mikos bei Fernsehinhalten weniger von Genres, sondern vielmehr von Formaten, der „marktbezogenen Variante des Genres[11]". Der Begriff des Formates wurde im Lizenzhandel geprägt und bezieht sich auf gemeinsame strukturelle Merkmale wie Ablaufe, Inszenierung, Narraturgie, Figuren und Erscheinungsbild, auf

---

[7] Vgl. Mikos, Lothar: Film- und Fernsehanalyse, S. 263f
[8] Ebd., S. 262
[9] Ebd., S. 265
[10] Ebd., S. 264
[11] Hickethier, Knut: Film- und Fernsehanalyse, S. 204

die jede Episode einer Serie oder Show aufbauen. Das Format beinhaltet somit festge-
legte Merkmale einer Serie oder Sendung, auf deren Grundlage einzelne Sendungen und
Episoden mit an lokale Gegebenheiten angepassten Variablen produziert werden, die
weiterhin ein international ähnliches Erscheinungsbild besitzen. Ähnlich wie bei dem
Genrefilm verbinden die Zuschauer auch mit einem bestimmten Fernsehformat Erwartungen, Emotionen und Wissen bezüglich des betreffenden Formates.

3. Produktion und Markt

Nachdem in den 1960er Jahren Dank technischer Innovationen Fernsehprogramme zunehmend direkt nach Hause empfangen werden konnten, kam es schon bald zu einer
stetig wachsenden Popularisierung und zu einer flächendeckenden Ausbreitung des Sa-
tellitenfernsehens. Mittlerweile hat sich das Fernsehen längst als Alltagsmedium etab-
liert und mit dem entsprechenden technischen Equipment lassen sich nahezu alle Fernsehsender grenzüberschreitend empfangen.

Da weltweit fortlaufend neue Fernsehsender geschaffen werden, um auf die sich
ändernden Zuschauererwartungen zu reagieren, müssen folglich auch mehr Fernsehsendungen und – inhalte produziert werden, die dieser permanenten Nachfrage gerecht
werden. Aufgrund dieser angesprochenen Faktoren entwickeln sich Programminhalte
und Formate zusehends zu einem international gehandelten Produkt. Zur erfolgreichen
weltweiten Vermarktung dieser Programminhalte wurden internationale Medienkonzer-
ne wie *The Walt Disney Company*, *Time Warner* oder die deutsche *Bertelsmann AG*
gegründet, in denen verschiedene Bereiche wie Fernseh-, Film-, Telekommunikations-
industrie und Informationstechnologieindustrie[12] effektiv vereint werden. Zu dem US-
amerikanischem Medienkonzern *Time Warner*, einem der weltweit führenden Medienunternehmen, gehören beispielsweise der Pay-TV-Sender *HBO*, das Film- und Fernseh-
studio *Warner Bros.*, das Verlagshaus *Time Inc.* sowie die Filmproduktionen *New Line
Cinema* und *Warner Bros. Entertainment*[13]. Diese großen Medienunternehmen, die über
enorm hohe Budgets verfügen, haben eine dominierende Stellung auf dem weltweiten
Markt und agieren international, weswegen man Mikos zufolge von einer Globalisierung der Medienindustrie sprechen kann.

---

[12] Mikos, Lothar: Film- und Fernsehanalyse, S. 294
[13] http://www.mediadb.eu/datenbanken/internationale-medienkonzerne/time-warner-inc.html

Die Auswirkungen dieser fortschreitenden und sich zunehmend manifestieren-
den „Globalisierung des Mediensystems[14]“ beeinflussen zahlreiche Bereiche und treten
auf mannigfaltige Weise zu Tage. Eine dominierende Stellung nimmt hier die USA ein,
die im Bereich der Film- und Fernsehformate als führender Exporteur gilt. Wie Mikos
ausführt, werden amerikanische Fernsehprogramme weltweit in über 125 Nationen erfolgreich vermarktet, Hollywood-Filme werden sogar in mehr als 150 Ländern ausgestrahlt; meist dominieren diese US-amerikanischen Formate und Blockbuster den internationalen Markt. Auch das deutsche Kino ist durch die Dominanz amerikanischer
Blockbuster geprägt; laut Hickethier hat sich ein „eher am spektakulären Inhalt, an der
Opulenz der Ausstattung, dem Einsatz von special effects orientierter Filmstil[15]“ durch-
gesetzt, der vor allem in amerikanischen Produktionen zu finden ist, während „der äs-
thetisch anspruchsvolle deutsche Kinofilm[16]“ meist einen weitaus geringeren Marktan-
teil erzielt.

Wie bereits erwähnt entwickeln sich Programminhalte zunehmend zu einer weltweit
gehandelten und vermarkteten Ressource. Bezogen auf den globalen Fernsehmarkt
spricht Mikos an dieser Stelle von einem „internationalen Formathandel[17]“, dessen Arten der Vermarktung sich in drei verschiedene Varianten unterteilen lassen. Bei der ers-
ten Variante werden die Senderechte für eine bereits komplett produzierte Serie verkauft. Diese Serien wie *Lost* oder *Navy CIS* werden unter ihrem Ursprungstitel in frem-
den Ländern ausgestrahlt und bis auf die Synchronisation oder Untertitelung in der
Sprache des jeweiligen Ausstrahlungslandes werden keine Veränderungen vorgenom-
men. Bei der zweiten Variante wird kein fertiges Produkt verkauft, sondern lediglich die
Rechte für Serienkonzepte und ein formatierter Rahmen. Der Käufer hat hier die Mög-
lichkeit, die Serie innerhalb eines zuvor festgelegten Rahmens durch Anpassung von
Themen, Namen und Settings an die lokalen Gegebenheiten und den jeweiligen kulturellen Kontext anzupassen. Dies ist beispielsweise bei der beliebten deutschen Seifenop-
fer *GZSZ* der Fall, die nach dem australischen Vorbild *The Restless Years* entstanden
ist. Bei der dritten Variante des internationalen Formathandels handelt es sich laut Mikos um den Verkauf von Lizenzrechten an Quiz-, Game- und Reality-Shows. Nach dem

---

[14] Mikos, Lothar: Film- und Fernsehanalyse, S. 295
[15] Hickethier, Knut: Film- und Fernsehanalyse, S. 192
[16] Ebd.,, S. 192
[17] Mikos, Lothar: Film- und Fernsehanalyse, S. 297

Kauf von Lizenzen an dem betreffenden Format werden die Shows in den verschiedenen Ländern von unterschiedlichen Produktionsfirmen hergestellt. Diese Formate, die oft in dutzenden Ländern ausgestrahlt werden, besitzen ein weltweit wiedererkennbares Logo und die Inszenierung folgt von der Gestaltung bis hin zur Dramaturgie und Figurenkonstellation in allen Ländern, die eine Lizenz erworben haben, nach gleichen, vorher festgelegten Regeln, die von den Käuferländern nicht verändert werden dürfen. Dies wird besonders bei der Quizshow *Who Wants to Be a Millionaire?* deutlich, die durch den Verkauf von Lizenzrechten international erfolgreich vermarktet wird: Fernsehanstalten und Produzenten in mehr als 100 Ländern haben Format- und Ausstrahlungsrechte erworben und strahlen Adaptionen aus, die eine weltweit einheitliche Grundstruktur bezüglich Aspekten wie Ablauf, Erscheinungsbild, Logo und Inszenierung aufweisen, lediglich die Kandidaten und die Quizfragen werden an das jeweilige Ausstrahlungsland angepasst.

Abschließend betont Mikos, dass neben der weltweiten Vermarktung von Fernsehformaten und Filmen der „multimedialen Auswertung von Inhalten[18]" in der heutigen Zeit ein immer größer werdender Stellenwert zukomme. Erfolgreiche Geschichten werden somit nicht mehr bloß verfilmt, sondern sie existieren auch als Videospiel, Brettspiel oder in Form von zahlreichen Merchandising-Produkten, in denen Motive und Strukturen der zugrunde liegende Geschichte verwertet werden. Darüber hinaus etablieren sich verstärkt Internetforen, in denen die Geschichten und Filme diskutiert werden. Als stark kommerzialisiertes Beispiel hierfür kann die im vergangenen Jahr von Sony gesponserte Online-Plattform *Pottermore* der Autorin J.K. Rowling gelten, in der „die magische Welt von Harry Potter erkundet werden kann wie nie zuvor[19]." Neben der Vermarktung von digitalen Hörbuchern und eBüchern wird die Geschichte durch Hintergrundinformationen, virtuelle Entdeckungsreisen, Benutzerforen und direkten Interaktionen ergänzt und erweitert. Laut Mikos wird an dieser Stelle deutlich, dass sich besonders bei großen Blockbustern, die einen enormen Zuschauererfolg erzielt haben, transmediale Formen des Erzählens durchsetzen, die auf ein aneinanderreihendes, aufeinander aufbauendes Verstehen und Erfahren setzen.

---

[18] Mikos, Lothar: Film- und Fernsehanalyse, S. 300
[19] http://www.pottermore.com/de/about

<u>**4. Fazit**</u>

Zusammengefasst lässt sich festhalten, dass die Betrachtung von Gattungen und Genres Teil jeder Film- und Fernsehanalyse sein muss, da die Nutzung und der Rückgriff auf genrespezifisches Wissen und Konzepte einen essentiellen Bestandteil zum Verständnis von Filmen und vorherrschenden Strukturen und Gestaltungsmitteln darstellen, zum anderen aber auch in einer bestimmten Rezeptionsweise resultieren.

Zudem lässt sich abschließend sagen, dass Medienprodukte zunehmend global konsumiert werden und sich permanent ändernden Ansprüchen, Erwartungen und Marktsituationen anpassen müssen. Dies hat eine ständige Neudefinierung und dynamische Weiterdefinierung der Genres und Formate zur Folge, da jeder Film- und Fernsehtext unter spezifischen gesellschaftlichen, ökonomischen und kulturellen Bedingungen steht, wodurch der zu betrachtende Gesamtzusammenhang nicht nur auf den Film selbst beschränkt sein darf, sondern auch die genannten Aspekte wie gesellschaftlicher Diskurs, ökonomische Faktoren, genrespezifische Konventionen und transmediale Vermittlung einbeziehen muss.

5. Literaturverzeichnis

Duden: Gattungen. In: http://www.duden.de/rechtschreibung/Gattung#Bedeutung1a
(Zugriff: 29.06.2012)

Faulstich, Werner (2008): Grundkurs Filmanalyse. Paderborn: Wilhelm Fink Verlag. (2.
Aufl.)

Hickethier, Knut (2007): Film- und Fernsehanalyse. Stuttgart: Metzler'sche Verlags-
buchhandlung. (4. Auflage)

Institut für Medien- und Kommunikationspolitik: Time Warner Inc.. In:
http://www.mediadb.eu/datenbanken/internationale-medienkonzerne/time-warner-
inc.html (Zugriff: 29.06.2012)

Mikos, Lothar (2008): Film- und Fernsehanalyse. Konstanz: UVK Verlagsgesellschaft.
(2. Auflage)

Pottermore: Über Pottermore und den Pottermore Shop. In:
http://www.pottermore.com/de/about (Zugriff: 28.06.2012)